AF188495

Impressum
Verlag: BABADADA GmbH, Nedderfeld 112 , 22529 Hamburg
Geschäftsführer / Verlagsleitung: Harald Hof
Druck: Books on Demand GmbH, In de Tarpen 42, 22848 Norderstedt

Imprint
Publisher: BABADADA GmbH, Nedderfeld 112 , 22529 Hamburg, Germany
Managing Director / Publishing direction: Harald Hof
Print: Books on Demand GmbH, In de Tarpen 42, 22848 Norderstedt, Germany

школа
škola

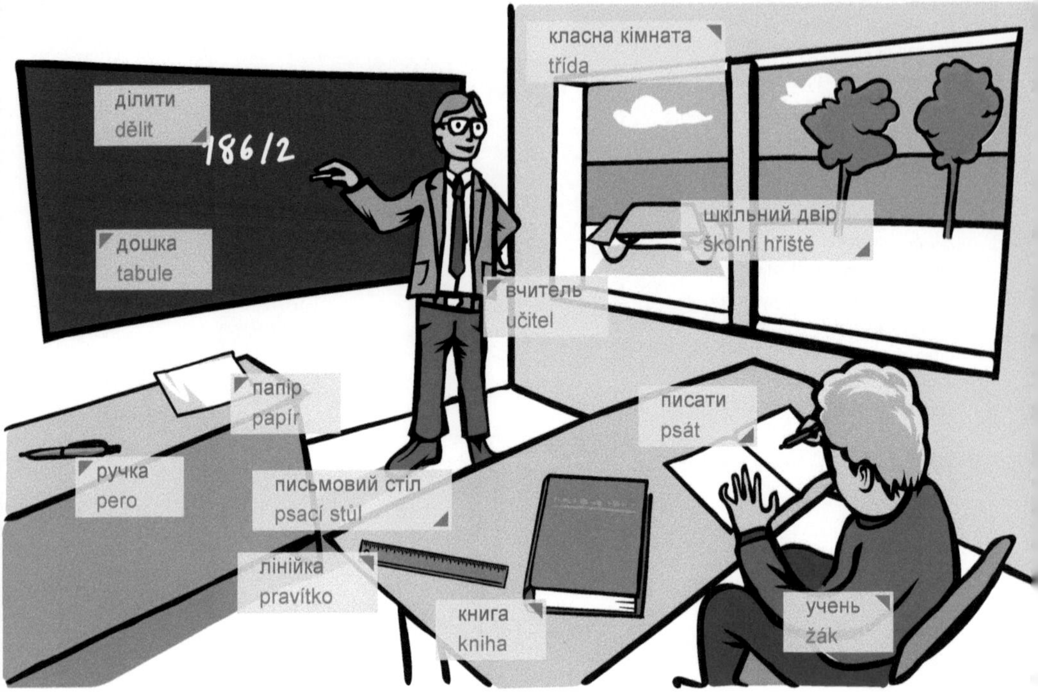

класна кімната
třída
ділити
dělit
186/2
дошка
tabule
шкільний двір
školní hřiště
вчитель
učitel
папір
papír
писати
psát
ручка
pero
письмовий стіл
psací stůl
лінійка
pravítko
книга
kniha
учень
žák

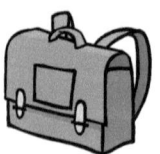

ранець
aktovka

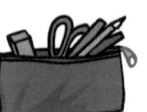

пенал
penál

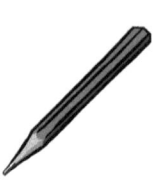

олівець
tužka

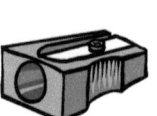

точило
ořezávátko

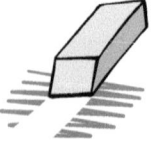

гумка
guma

альбом для малювання
blok na kreslení

малюнок

výkres

пензель

štětec

коробка фарб

malířské potřeby

ножиці

nůžky

клей

lepidlo

зошит

cvičebnice

домашнє завдання

domácí úkol

число

počet

2+2

додавати

sčítat

5-2

віднімати

odčítat

2×2

множити

násobit

рахувати

počítat

A

літера

písmeno

ABCDEFG
HIJKLMN
OPQRSTU
VWXYZ

абетка

abeceda

слово

slovo

текст

text

читати

číst

крейда

křída

година

hodina

класний журнал

třídní kniha

екзамен

zkouška

диплом

vysvědčení

шкільна форма

školní uniforma

освіта

vzdělání

лексикон

encyklopedie

університет

univerzita

мікроскоп

mikroskop

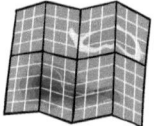

карта

karta

кошик для паперу

odpadkový koš na papír

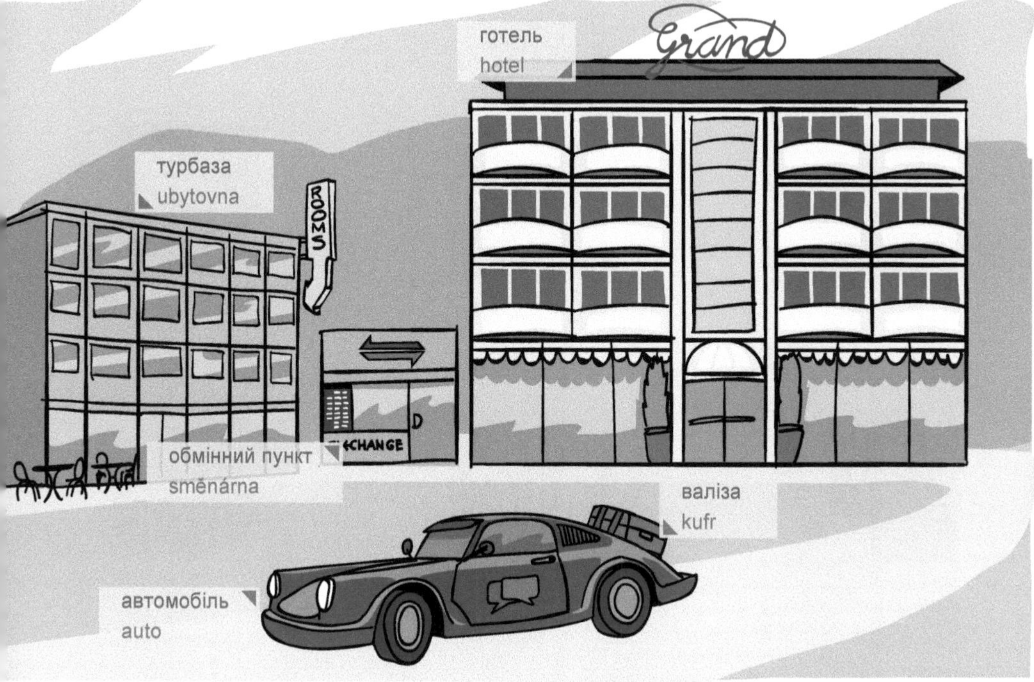

готель
hotel
Grand
турбаза
ubytovna
ROOMS
EXCHANGE
обмінний пункт
směnárna
валіза
kufr
автомобіль
auto

мова

jazyk

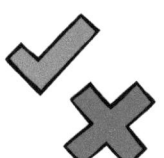

так / ні

ano / ne

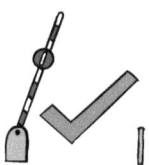

добре

oukej

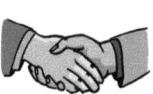

привіт

Ahoj!

перекладач

překladatel

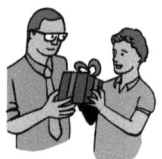

дякую

děkuji

Скільки коштує ...?

Kolik stojí...?

Я не розумію

nerozumím

проблема

problém

Добрий вечір!

Dobrý večer!

Доброго ранку!

Dobré ráno!

На добраніч!

Dobrou noc!

До побачення

na shledanou

напрямок

směr

багаж

zavazadlo

сумка

taška

рюкзак

batoh

гість

host

кімната

pokoj

спальний мішок

spací pytel

намет

stan

туристична інформація

turistické informace

пляж

pláž

кредитна картка

kreditní karta

сніданок

snídaně

обід

oběd

вечеря

večeře

квиток

jízdenka

ліфт

výtah

поштова марка

poštovní známka

межа

hranice

митниця

clo

посольство

poselství

віза

vízum

паспорт

pas

транспорт

transport

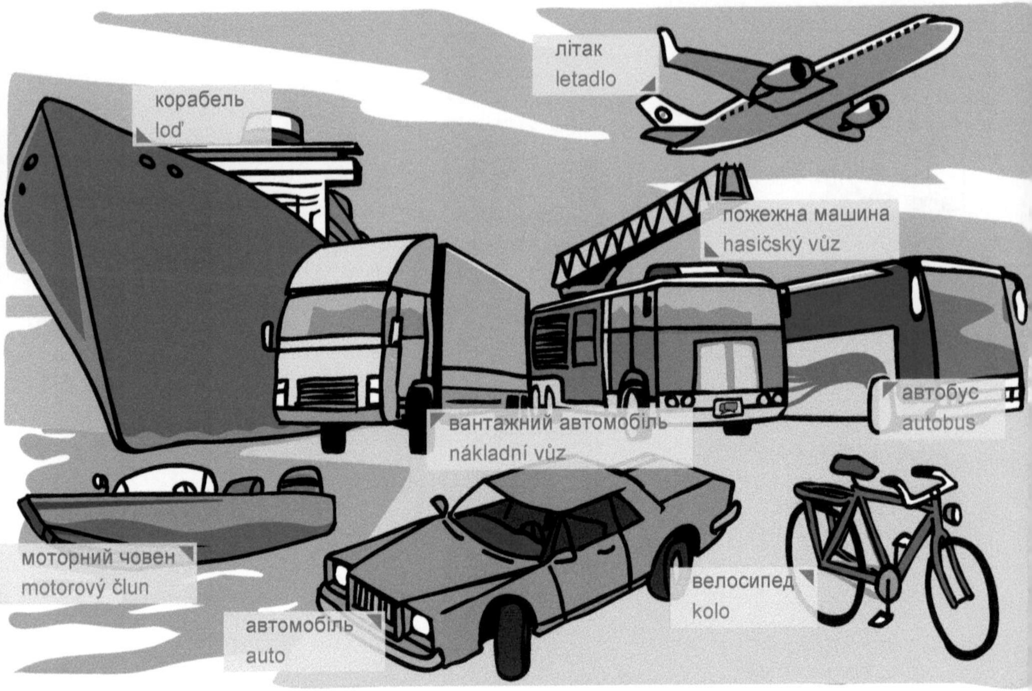

літак
letadlo
корабель
loď
пожежна машина
hasičský vůz
автобус
autobus
вантажний автомобіль
nákladní vůz
моторний човен
motorový člun
велосипед
kolo
автомобіль
auto

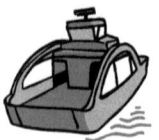

пором

přívoz

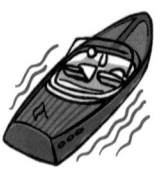

човен

člun

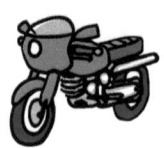

мотоцикл

motorka

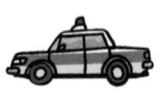

поліцейська машина

policejní auto

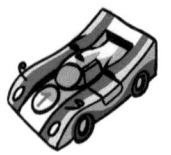

гоночний автомобіль

závodní auto

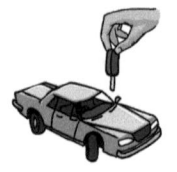

автомобіль на прокат

pronajaté auto

спільне користування авто

sdílení aut

евакуатор

odtahová služba

сміттєвоз

popelářský vůz

двигун

motor

паливо

palivo

автозаправна станція

čerpací stanice

дорожній знак

dopravní značka

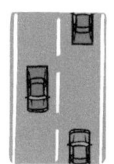

рух

doprava

затор

dopravní zácpa

стоянка

parkoviště

вокзал

vlakové nádraží

рейки

koleje

потяг

vlak

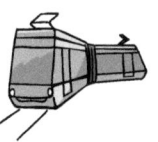

трамвай

tramvaj

вагон

vagón

гелікоптер

helikoptéra

аеропорт

letiště

вежа

věž

пасажир

pasažér

контейнер

kontejner

коробка

kartón

візок

trakař

кошик

koš

стартувати / приземлятися

vzlétnout / přistát

місто

město

село

vesnice

центр міста

střed města

дім

dům

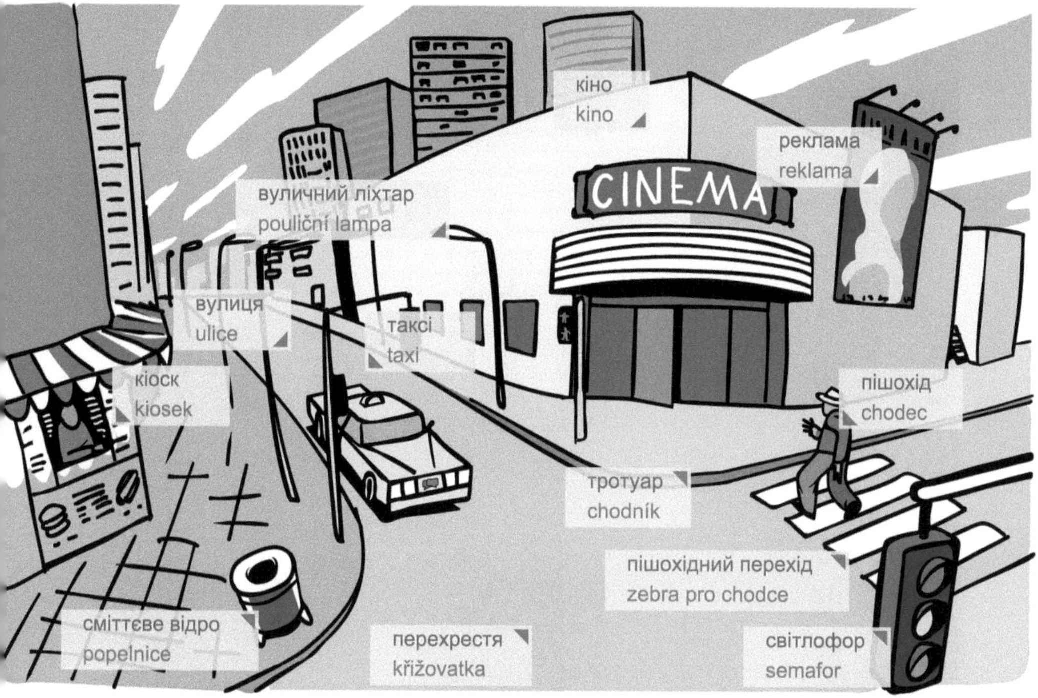

кіно
kino

реклама
reklama

вуличний ліхтар
pouliční lampa

CINEMA

вулиця
ulice

таксі
taxi

пішохід
chodec

кіоск
kiosek

тротуар
chodník

пішохідний перехід
zebra pro chodce

сміттєве відро
popelnice

перехрестя
křižovatka

світлофор
semafor

хатина

chata

квартира

byt

вокзал

vlakové nádraží

ратуша

radnice

музей

muzeum

школа

škola

університет

univerzita

банк

banka

лікарня

nemocnice

готель

hotel

аптека

lékárna

офіс

kancelář

книжковий магазин

knihkupectví

магазин

obchod

квітковий магазин

květinářství

супермаркет

supermarket

ринок

tržnice

універмаг

obchodní dům

торговець рибою

rybárna

торговельний центр

nákupní centrum

гавань

přístav

парк

park

лава

lavička

міст

most

сходи

schody

метро

metro

тунель

tunel

автобусна зупинка

autobusová zastávka

бар

bar

ресторан

restaurace

поштова скринька

poštovní schránka

вулична табличка

pouliční tabule

лічильник паркування

parkovací hodiny

зоопарк

zoo

басейн

plovárna

мечеть

mešita

ферма

usedlost

забруднення навколишнього середовища
znečistování životního prostředí

кладовище

hřbitov

церква

církev

дитячий майданчик

hřiště

храм

chrám

ландшафт
krajina

листок
list

вказівний стовп
rozcestník

шлях
cesta

луг
louka

камінь
kámen

дерево
strom

мандрівник
turista

річка
řeka

трава
tráva

квітка
květina

долина

údolí

гора

hora

озеро

jezero

ліс

les

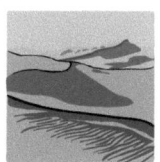

пустеля

poušť

вулкан

sopka

замок

zámek

веселка

duha

гриб

houba

пальма

palma

комар

komár

муха

moucha

мурашка

mravenec

бджола

včela

павук

pavouk

жук

brouk

жаба

žába

вивірка

veverka

їжак

ježek

заєць

zajíc

сова

sova

птах

pták

лебідь

labuť

кабан

divoké prase

олень

jelen

лось

los

гребля

přehrada

вітряк

větrné kolo

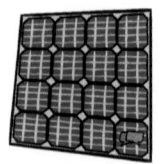

сонячний модуль

solární panel

клімат

podnebí

ресторан
restaurace

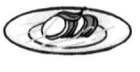

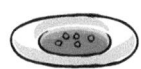

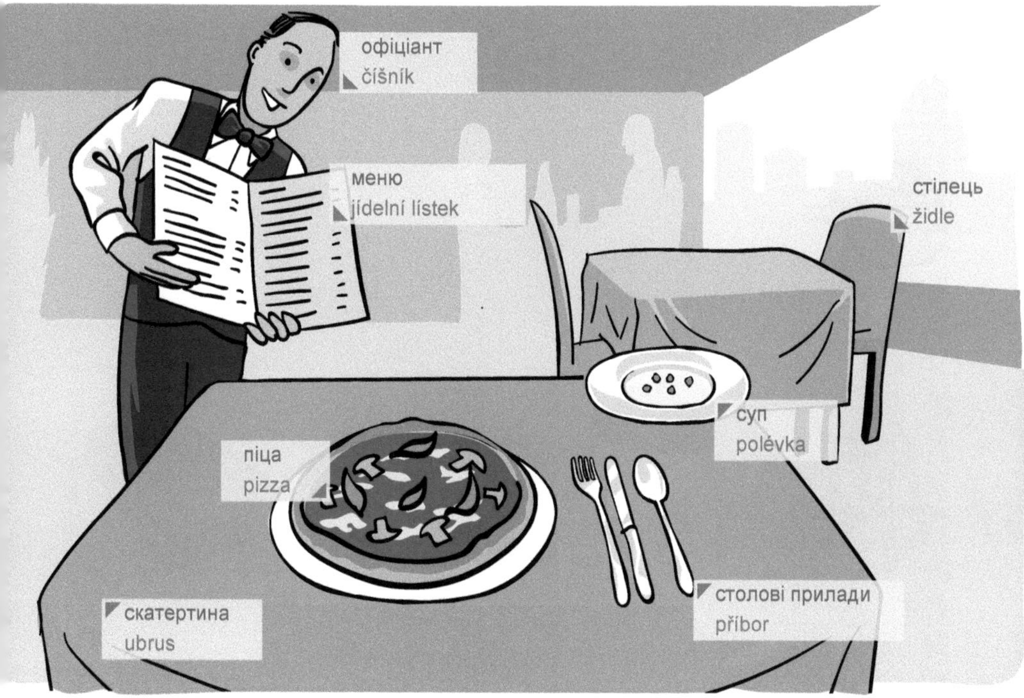
офіціант
číšník
меню
jídelní lístek
стілець
židle
суп
polévka
піца
pizza
столові прилади
příbor
скатертина
ubrus

закуска

předkrm

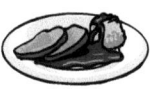

друга страва

hlavní chod

десерт

dezert

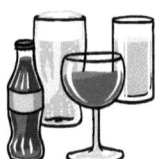

напої

nápoje

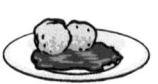

їжа

jídlo

пляшка

láhev

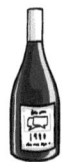

фаст-фуд

rychlé občerstvení

вулична їжа

pouliční občerstvení

чайник

čajová konvice

цукорниця

cukřenka

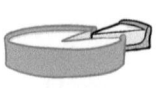

порція

porce

еспресо-машина

kávovar na espresso

високий стільчик

dětská stolička

рахунок

faktura

піднос

tác

ніж

nůž

вилка

vidlička

ложка

lžíce

чайна ложка

čajová lyžička

серветка

ubrousek

склянка

sklenička

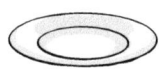

тарілка

talíř

тарілка для супу

talíř na polévku

блюдце

podšálek

соус

omáčka

солонка

slánka

млин для перцю

mlýnek na pepř

оцет

ocet

масло

olej

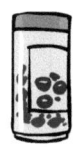

спеції

koření

кетчуп

kečup

гірчиця

hořčice

майонез

majonéza

супермаркет

supermarket

пропозиція
nabídka
FOR
клієнт
zákazník
молочні продукти
mléčné výrobky
фрукти
ovoce
візок для покупок
nákupní vozík

BUTCHERS

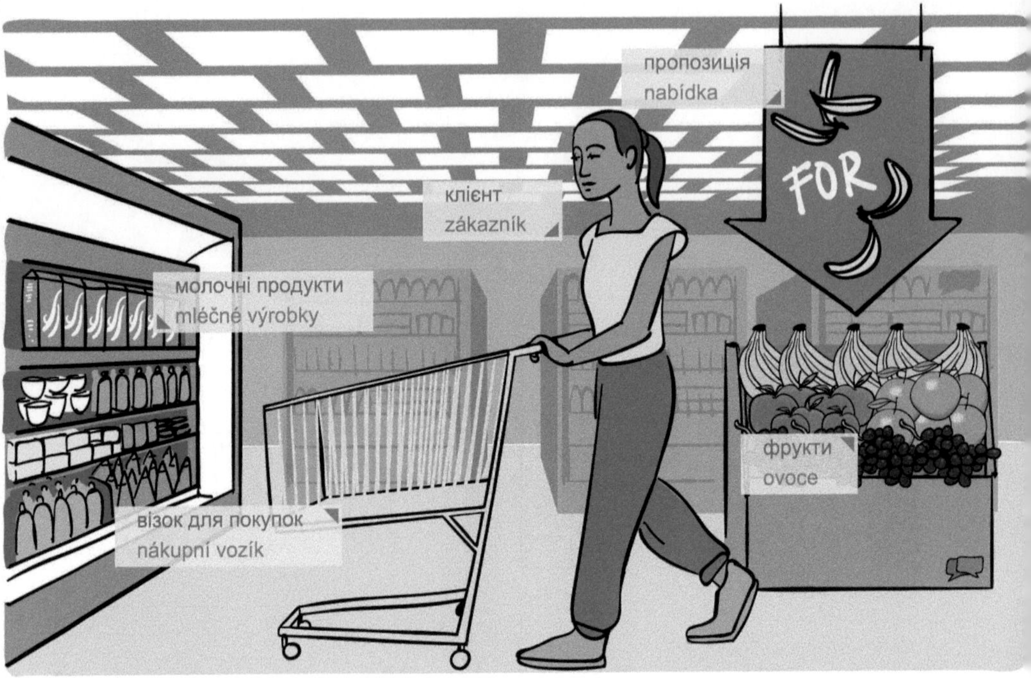

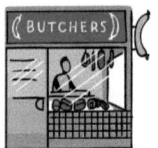

м'ясний магазин

masna

BAKERY

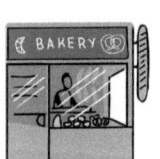

пекарня

pekařství

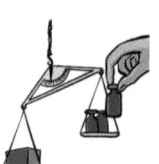

зважувати

vážit

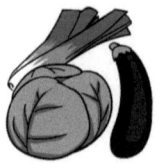

овочі

zelenina

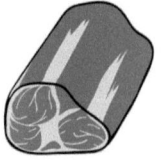

м'ясо

maso

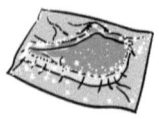

заморожені продукти

mražené potraviny

ковбасна нарізка

obložený talíř

консерви

konzervy

пральний порошок

prací prášek

солодощі

cukrovinky

предмети домашнього побуту

výrobky pro domácnost

мийний засіб

čisticí prostředek

продавщиця

prodavačka

каса

pokladna

касир

pokladní

список покупок

nákupní seznam

часи роботи

otevírací doba

гаманець

peněženka

кредитна картка

kreditní karta

сумка

taška

поліетиленовий пакет

igelitová taška

вода

voda

сік

džus

молоко

mléko

кола

kola

вино

víno

пиво

pivo

алкоголь

alkohol

какао

kakao

чай

čaj

кава

káva

еспресо

espresso

капучіно

kapučíno

банан

banán

яблуко

jablko

апельсин

pomeranč

кавун

meloun

лимон

citrón

морква

mrkev

часник

česnek

бамбук

bambus

цибуля

cibule

гриб

houba

горішки

ořechy

локшина

těstoviny

спагеті

špageti

рис

rýže

салат

salát

картопля фрі

hranolky

смажена картопля

americké brambory

піца

pizza

гамбургер

hamburger

бутерброд

sendvič

шніцель

řízek

шинка

šunka

салямі

salám

ковбаса

salám

курка

kuře

печеня

pečeně

риба

ryby

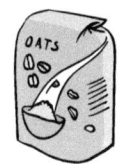

вівсяні пластівці

ovesné vločky

мюслі

müsli

кукурудзяні пластівці

vločky

борошно

mouka

круасан

croissant

булочка

houska

хліб

chléb

тостовий хліб

toast

печиво

sušenky

масло

máslo

сир

tvaroh

пиріг

buchta

яйце

vejce

яєчня

volské oko

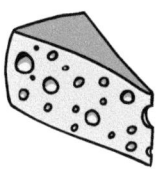

сир

sýr

морозиво

zmrzlina

цукор

cukr

мед

med

мармелад

marmeláda

нуга-крем

nugátový krém

карі

kari

ферма
usedlost

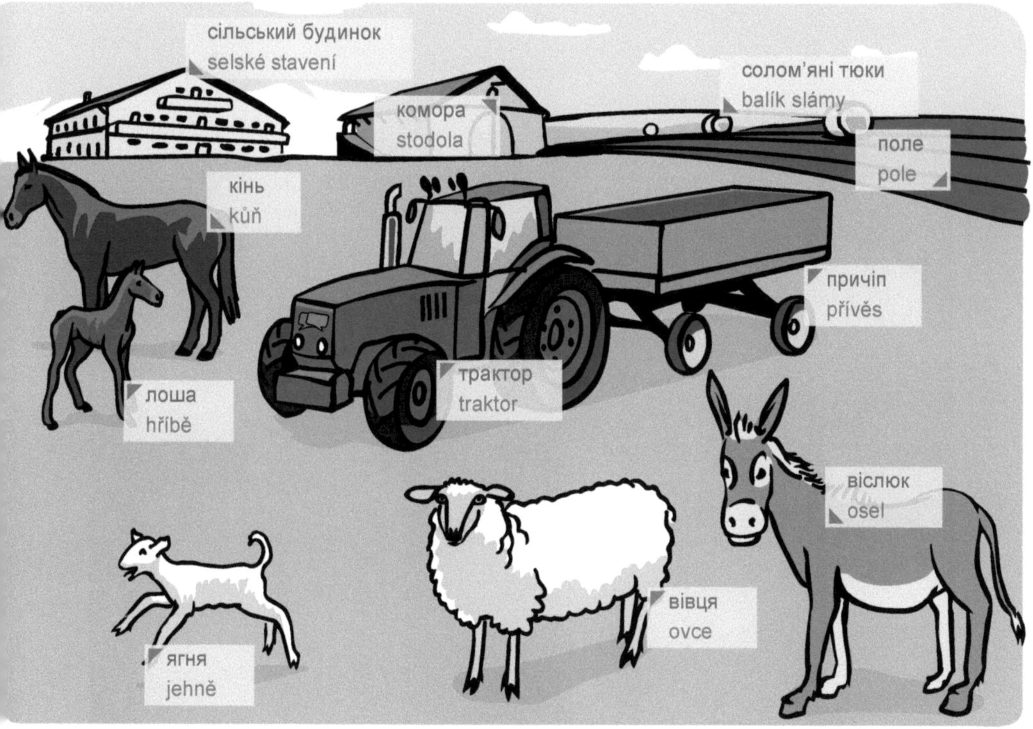

сільський будинок
selské stavení
комора
stodola
солом'яні тюки
balík slámy
поле
pole
кінь
kůň
причіп
přívěs
трактор
traktor
лоша
hříbě
віслюк
osel
вівця
ovce
ягня
jehně

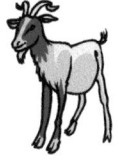

коза
koza

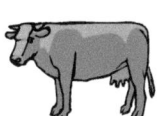

корова
kráva

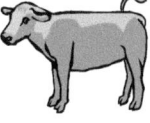

теля
tele

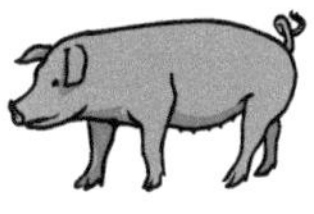

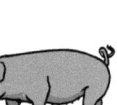

свиня
prase

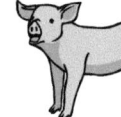

порося
sele

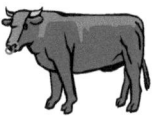

бик
býk

гусак

husa

качка

kachna

курча

kuře

курка

slepice

півень

kohout

щур

krysa

кіт

kočka

миша

myš

віл

vůl

собака

pes

собача будка

psí bouda

садовий шланг

zahradní hadice

лійка

kropicí konev

коса

kosa

плуг

pluh

серп

srp

мотика

motyka

вила

vidle

сокира

sekera

тачка

kolecko

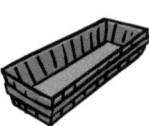

корито

koryto

бідон молока

konev na mléko

мішок

pytel

паркан

plot

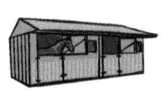

хлів

stáj

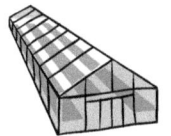

теплиця

skleník

ґрунт

půda

насіння

osivo

добриво

hnojivo

комбайн

kombajn

пожинати

sklidit

урожай

sklizeň

корінь ямсу

smldinec

пшениця

pšenice

соя

sója

картопля

brambora

кукурудза

kukuřice

ріпак

řepka

плодове дерево

ovocný strom

маніок

maniok

злаки

obilí

димохід
komín

дах
střecha

водостічний лоток
okap

вікно
okno

гараж
garáž

дзвінок
zvonek

двері
dveře

відро для сміття
popelnice

поштова скринька
dopisní schránka

сад
zahrada

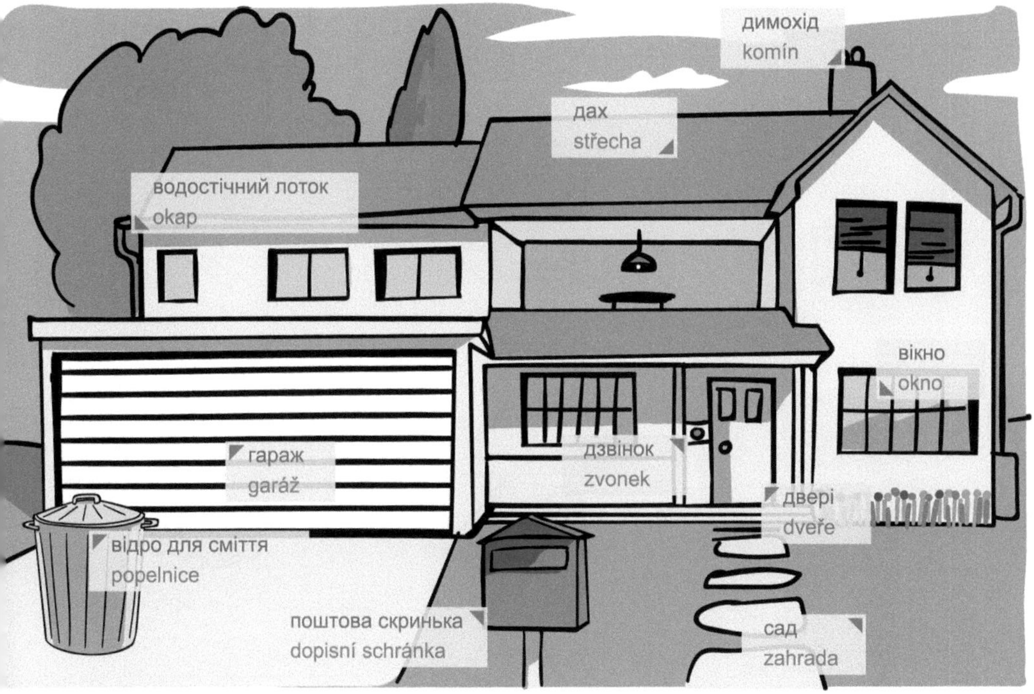

вітальня

obývací pokoj

ванна кімната

koupelna

кухня

kuchyně

спальня

ložnice

дитяча кімната

dětský pokoj

їдальня

jídelna

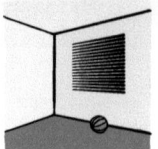

підлога

podlaha

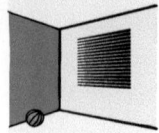

стіна

zeď

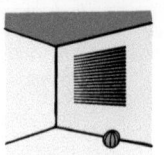

стеля

deka

підвал

sklep

сауна

sauna

балкон

balkón

тераса

terasa

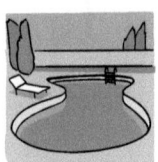

басейн

bazén

косарка

sekačka na trávu

простирало

ložní prádlo

ковдра

lůžková přikrývka

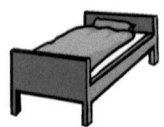

ліжко

postel

мітла

smeták

відро

kýbl

перемикач

vypínač

вітальня
obývací pokoj

шпалери
tapeta
малюнок
obrázek
лампа
žárovka
поличка
police
шафа
skříň
телевізор
televizor
камін
komín
квітка
květina
подушка
polštář
диван
gauč
ваза
váza
пульт
dálkový ovladač

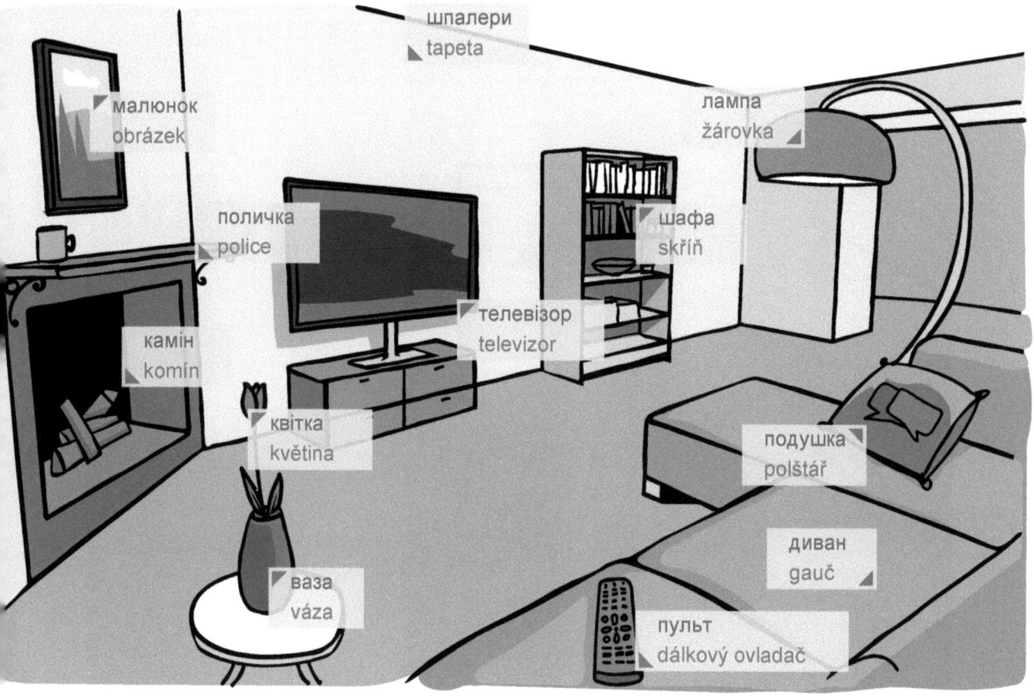

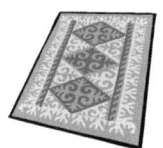

килим

koberec

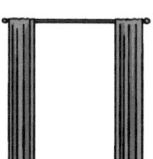

завіса

závěs

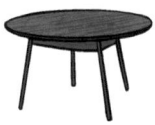

стіл

stůl

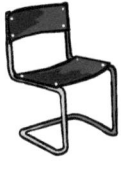

стілець

židle

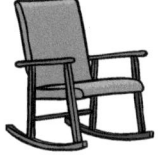

крісло-гойдалка

houpací křeslo

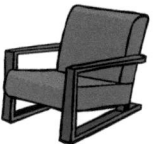

крісло

křeslo

книга

kniha

ковдра

strop

прикраса

ozdoba

дрова

palivové dříví

фільм

film

стереосистема

stereo souprava

ключ

klíč

газета

noviny

картина

malba

плакат

plakát

радіо

rádio

блокнот

poznámkový blok

пилосос

vysavač

кактус

kaktus

свічка

svíce

кухня
kuchyně

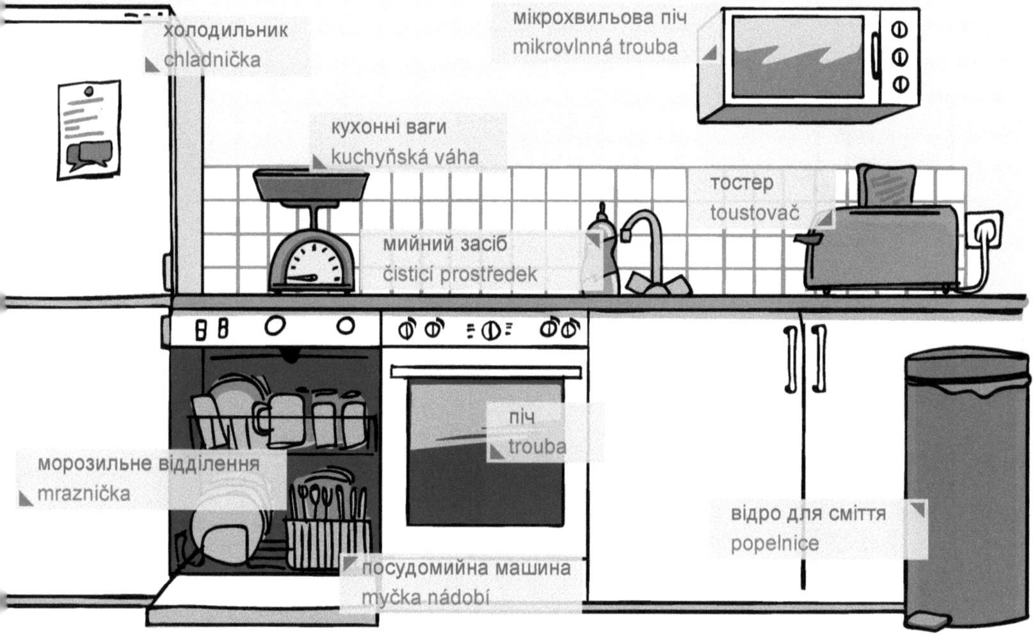

холодильник
chladnička
мікрохвильова піч
mikrovlnná trouba
кухонні ваги
kuchyňská váha
тостер
toustovač
мийний засіб
čisticí prostředek
піч
trouba
морозильне відділення
mraznička
відро для сміття
popelnice
посудомийна машина
myčka nádobí

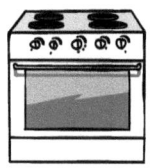

плита
sporák

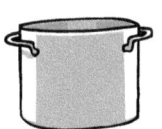

горщик
hrnec

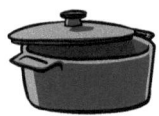

чавунний горщик
litinový hrnec

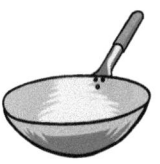

вок / кадай
wok / kadai

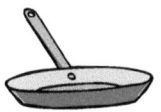

сковорода
pánev

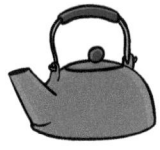

чайник
varná konvice

пароварка

parní hrnec

лист

plech na pečení

посуд

nádobí

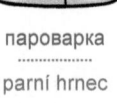

кухоль

hrnek

чаша

miska

палички для їжі

jídelní hůlky

черпак

naběračka

лопатка

obracečka

вінчик для збивання

metla

сито

síto

сито

cedník

терка

struhadlo

ступка

hmoždíř

барбекю

gril

багаття

ohniště

дошка

prkénko na krájení

качалка

váleček na těsto

штопор

vývrtka

конзерва

dóza

відкривачка

otvírák na konzervy

прихватки

chňapka

раковина

umyvadlo

щітка

kartáč na nádobí

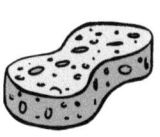

губка

houba

міксер

mixér

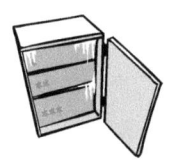

морозильна камера

mrazák

дитяча пляшка

dětská lahev

кран

kohoutek

ванна кімната
koupelna

душ
sprcha
опалення
topení
рушник
ručník
душова завіса
sprchový závěs
пiниста ванна
pěnová koupel
ванна
vana
склянка
sklenička
пральна машина
pračka
кран
kohoutek
плитка
obkladačky
горшок
nočník
раковина
umyvadlo

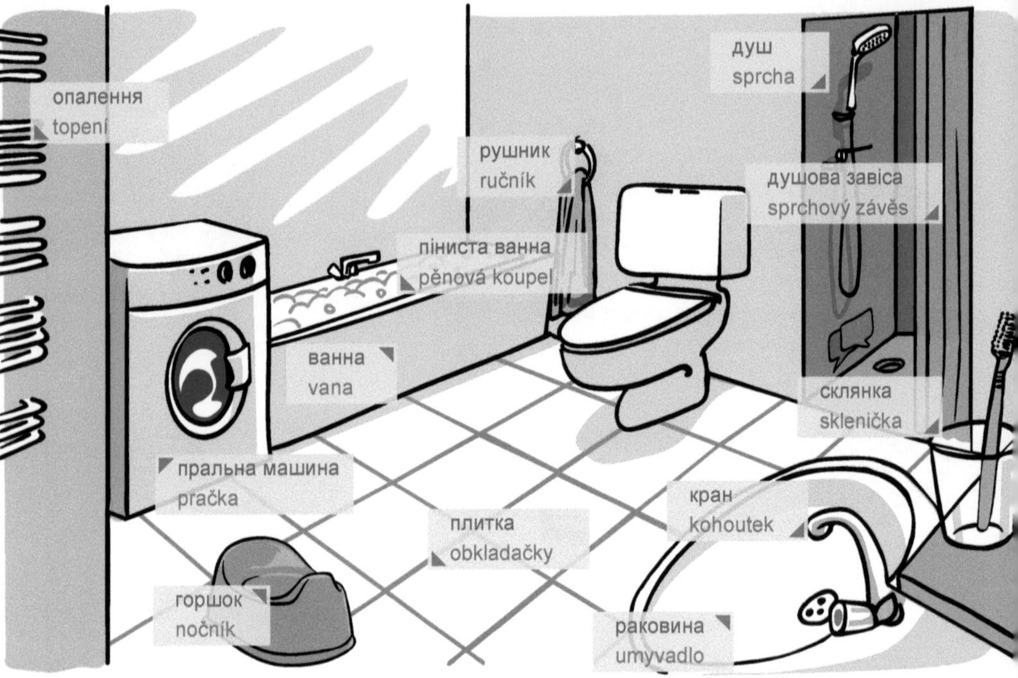

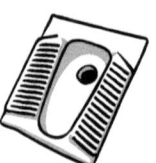

туалет
záchod

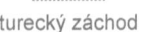

підлоговий туалет
turecký záchod

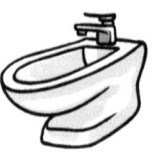

біде
bidet

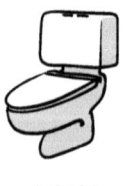

пісуар
pisoár

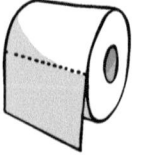

туалетний папір
toaletní papír

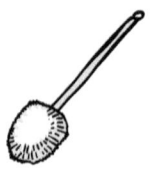

щітка для туалету
záchodová štětka

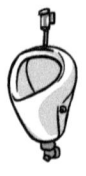

зубна щітка

zubní kartáček

зубна паста

zubní pasta

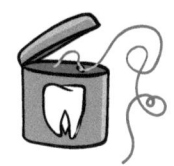

нитка для чищення зубів

zubní niť

мити

mýt

ручний душ

ruční sprcha

інтимний душ

intimní sprcha

таз

umyvadlo

щітка для спини

kartáč na záda

мило

mýdlo

гель для душу

sprchový gel

шампунь

šampón

мочалка

žínka

водостік

odpad

крем

krém

дезодорант

deodorant

дзеркало

zrcadlo

косметичне дзеркало

kosmetické zrcátko

бритва

holicí strojek

піна для гоління

pěna na holení

лосьйон після гоління

voda po holení

гребінь

hřeben

щітка

kartáč

фен

fén

лак для волосся

lak na vlasy

косметика

makeup

губна помада

rtěnka

лак для нігтів

lak na nehty

вата

vata

ножиці для нігтів

nůžky na nehty

парфум

parfém

косметичка

taška s toaletními potřebami

табурет

stolička

ваги

váha

халат

župan

гумові рукавички

gumové rukavice

тампон

tampón

гігієнічні прокладки

dámská vložka

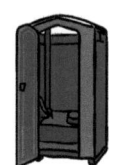

біотуалет

chemická toaleta

дитяча кімната

dětský pokoj

будильник
budík
м'яка іграшка
plyšová hračka
іграшковий автомобіль
autíčko
брязкальце
chrastítko
ляльковий будиночок
domeček pro panenky
подарунок
dárek

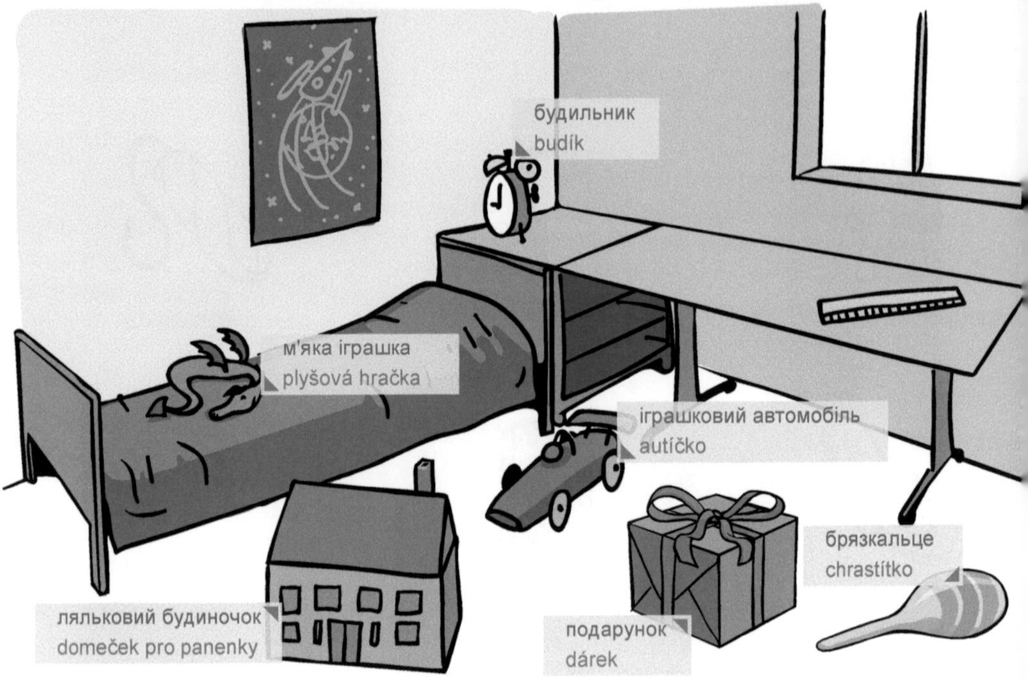

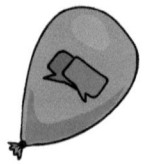

повітряна кулька

balón

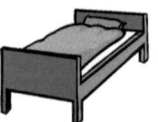

ліжко

postel

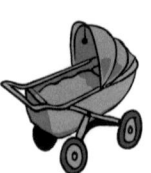

дитячий візок

kočárek

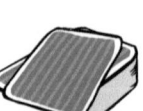

картярська гра

balíček karet

пазл

puzzle

SUPER
MEGA

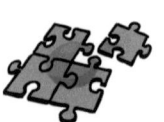

комікс

komiks

лего цеглинки

lego kostky

блоки

stavebnice

іграшкова фігурка

akční figurka

повзунки

dupačky

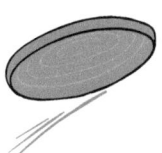

фризбі

frisbee

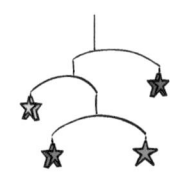

мобіле

závěsné hračky nad
postýlku

настільна гра

desková hra

кубик

kostky

модель залізнична станція

modelová železnice

соска

dudlík

вечірка

oslava

книжка з картинками

obrázková kniha

м'яч

míč

лялька

panenka

грати

hrát si

дитяча кімната - **dětský pokoj**

пісочниця

пískoviště

гойдалка

houpačka

іграшка

hračky

гральна консоль

hrací konzole

триколісний велосипед

tříkolka

плюшевий мішка

medvídek

шафа

šatník

одяг

oblečení

шкарпетки

ponožky

панчохи

punčochy

колготки

punčochové kalhoty

шарф
šála

парасоля
deštník

футболка
tričko

ремінь
pásek

чоботи
kozačky

домашнє взуття
domácí obuv

кросівки
tenisky

сандалі
sandály

взуття
obuv

гумові чоботи
holínky

труси
spodní prádlo

бюстгальтер
podprsenka

нижня сорочка
nátělník

одяг - oblečení

боді

body

штани

kalhoty

джинси

džíny

спідниця

sukně

блузка

blůza

сорочка

košile

пуловер

svetr

светр

mikina

піджак

blejzr

куртка

bunda

пальто

kabát

дощовик

pláštěnka

костюм

kostým

сукня

šaty

весільна сукня

svatební šaty

костюм
oblek

нічна сорочка
noční košile

піжама
pyžamo

сарі
sárí

головна хустка
šátek na hlavu

чалма
turban

бурка
burka

кафтан
kaftan

абая
abája

купальник
plavky

плавки
pánské plavky

шорти
kraťasy

тренувальний костюм
tepláková souprava

фартух
zástěra

рукавички
rukavice

гудзик

knoflík

окуляри

brýle

браслет

náramek

ланцюг

náhrdelník

кільце

prsten

сережка

náušnice

шапка

čepice

плічка

ramínko

капелюх

klobouk

краватка

kravata

застібка-блискавка

zip

шолом

helma

підтяжки

kšandy

шкільна форма

školní uniforma

уніформа

uniforma

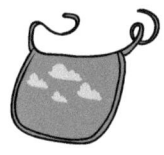

нагрудник

bryndák

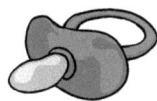

соска

dudlík

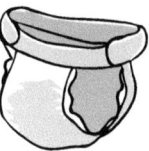

підгузок

plena

офіс
kancelář

сервер
server
шаф для документів
kartotéka
папір
papír
принтер
tiskárna
монітор
monitor
миша
myš
письмовий стіл
psací stůl
папка
šanon
синтезатор
klávesnice
кошик для паперу
odpadkový koš na papír
комп'ютер
počítač
стілець
židle

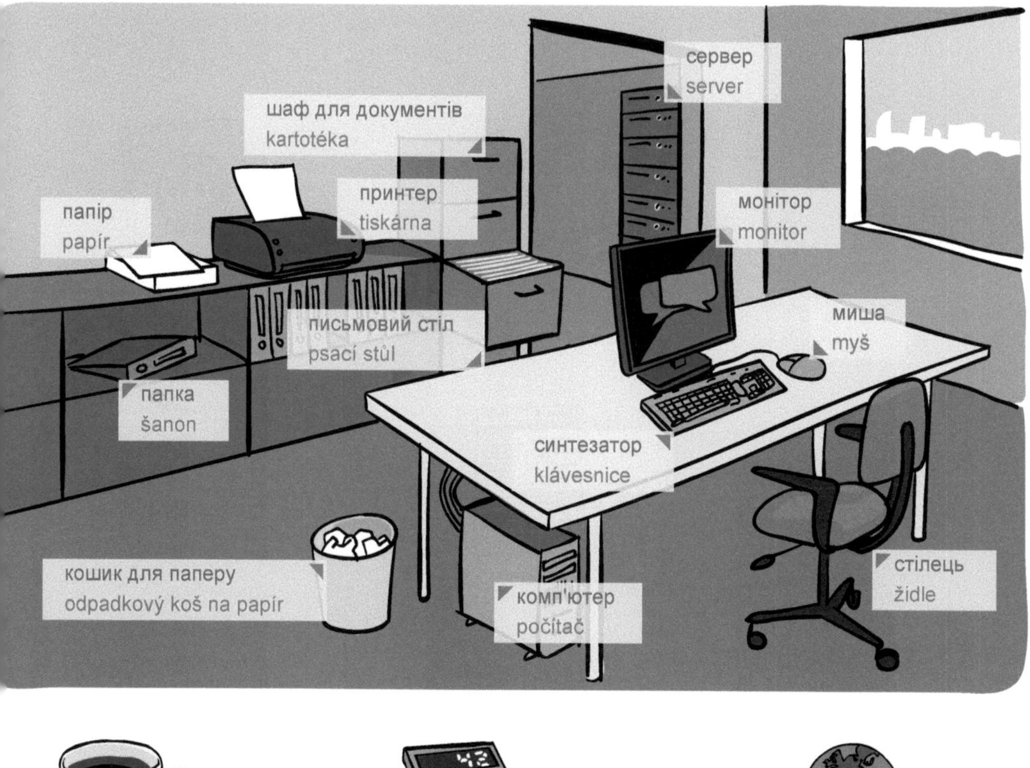

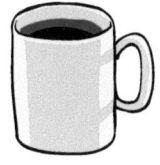

кавовий кухоль

hrnek na kávu

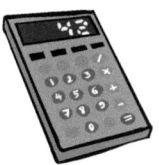

калькулятор

kalkulačka

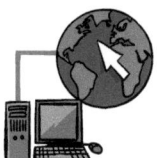

інтернет

internet

ноутбук

notebook

лист

dopis

повідомлення

zpráva

мобільний телефон

mobil

мережа

síť

копіювальний пристрій

kopírka

програмне забезпечення

software

телефон

telefon

розетка

zásuvka

факс

fax

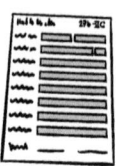

бланк

formulář

документ

dokument

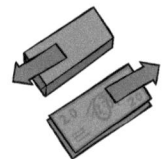

купувати

nakupovat

платити

zaplatit

торгувати

jednat

гроші

peníze

долар

dolar

євро

euro

ієна

jen

рубль

rubl

франк

frank

юанів женьміньбі

juan

рупія

rupie

банкомат

bankomat

обмінний пункт

směnárna

золото

zlato

срібло

stříbro

нафта

olej

енергія

energie

ціна

cena

контракт

smlouva

податок

daň

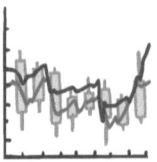

акція

akcie

працювати

pracovat

працівник

zaměstnanec

роботодавець

zaměstnavatel

фабрика

továrna

магазин

obchod

професії
povolání

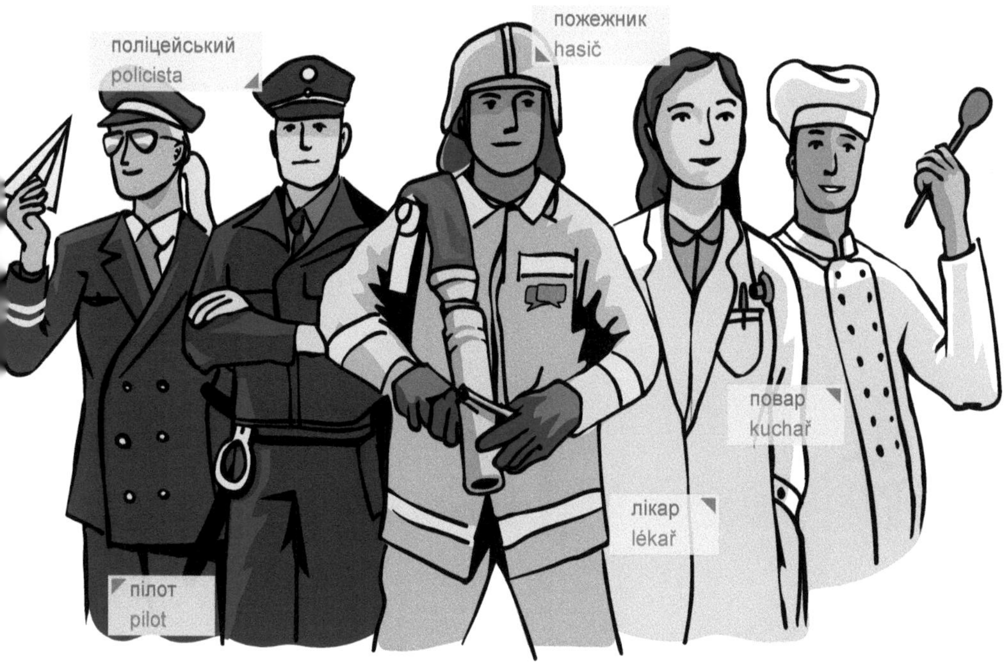

пожежник
hasič
поліцейський
policista
повар
kuchař
лікар
lékař
пілот
pilot

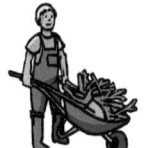

садівник

zahradník

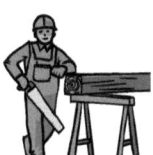

столяр

truhlář

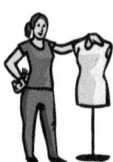

швачка

švadlena

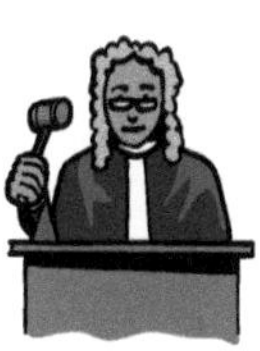

суддя

soudce

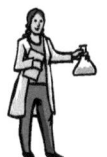

хімік

chemik

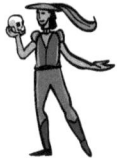

актор

herec

водій автобуса

řidič autobusu

таксист

řidič taxi

рибалка

rybář

прибиральниця

uklízečka

покрівельник

pokrývač

офіціант

číšník

мисливець

myslivec

художник

malíř

пекар

pekař

електрик

elektrikář

будівельник

stavební dělník

інженер

inženýr

забійник

řezník

бляхар

klempíř

листоноша

listonoš

солдат

voják

архітектор

architekt

касир

pokladní

флорист

florista

перукар

kadeřník

кондуктор

průvodčí

механік

mechanik

капітан

kapitán

дантист

zubař

вчений

vědec

рабин

rabín

імам

imám

монах

mnich

пастор

duchovní

інструменти
nářadí

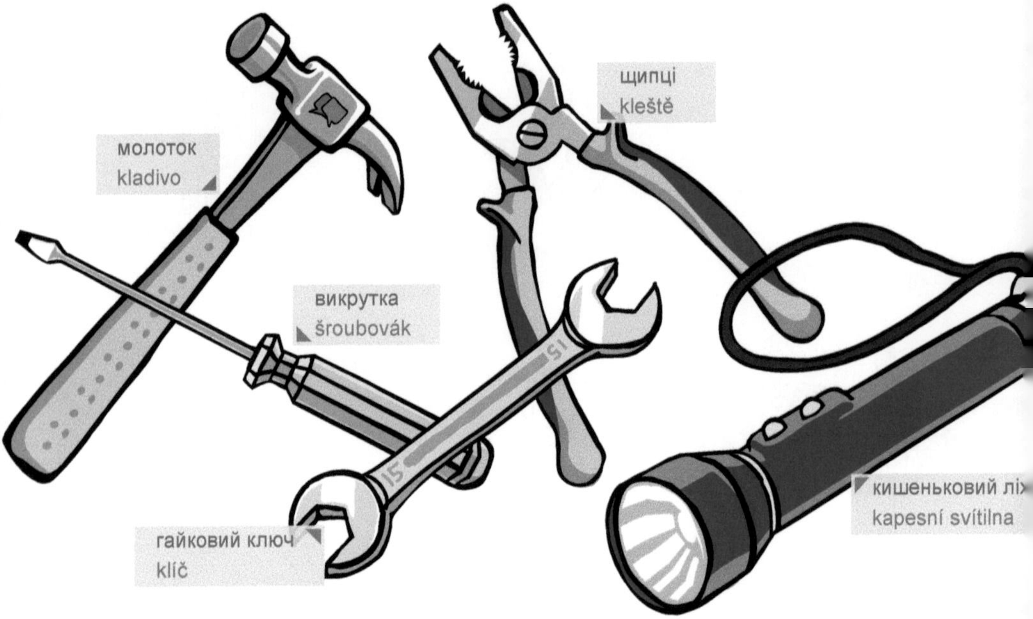
молоток
kladivo
щипці
kleště
викрутка
šroubovák
гайковий ключ
klíč
кишеньковий лі
kapesní svítilna

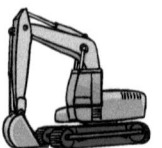

екскаватор
bagr

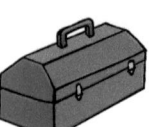

ящик для інструментів
skříň na nářadí

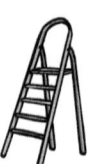

драбина
žebřík

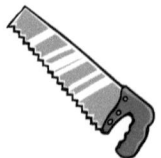

пилка
pila

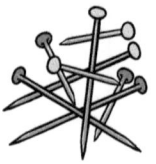

цвяхи
hřebíky

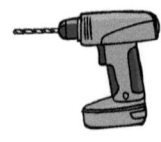

свердло
vrtačka

ремонтувати

opravit

лопата

lopata

лайно!

Kurva!

совок

lopatka

відро з фарбою

vědroé na barvu

гвинти

šrouby

музичні інструменти

hudební nástroje

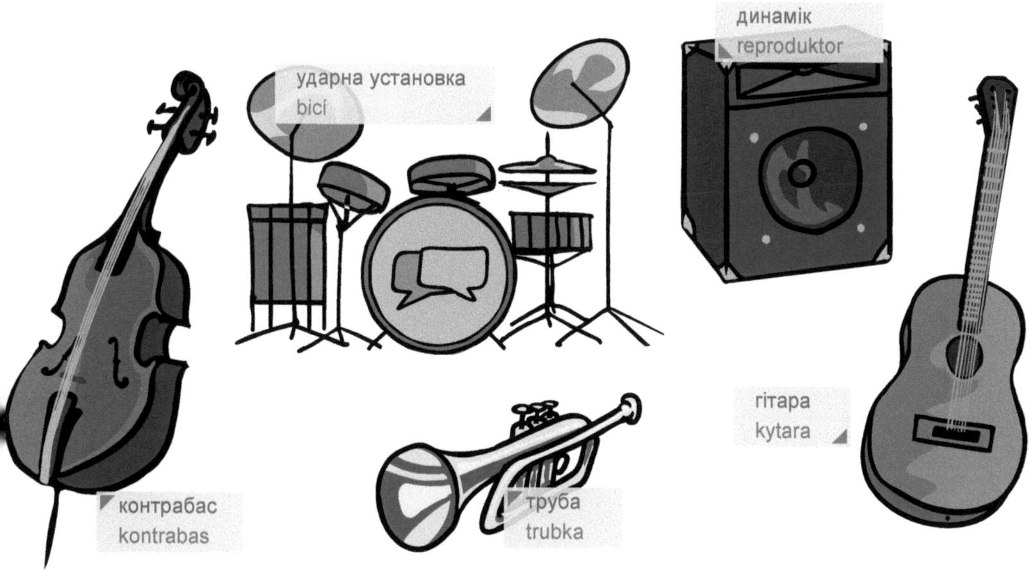

динамік
reproduktor

ударна установка
bicí

контрабас
kontrabas

труба
trubka

гітара
kytara

фортепіано

klavír

скрипка

housle

бас

basa

литаври

tympán

барабан

bubny

клавіатура

keyboard

саксофон

saxofon

флейта

flétna

мікрофон

mikrofon

зоопарк

zoo

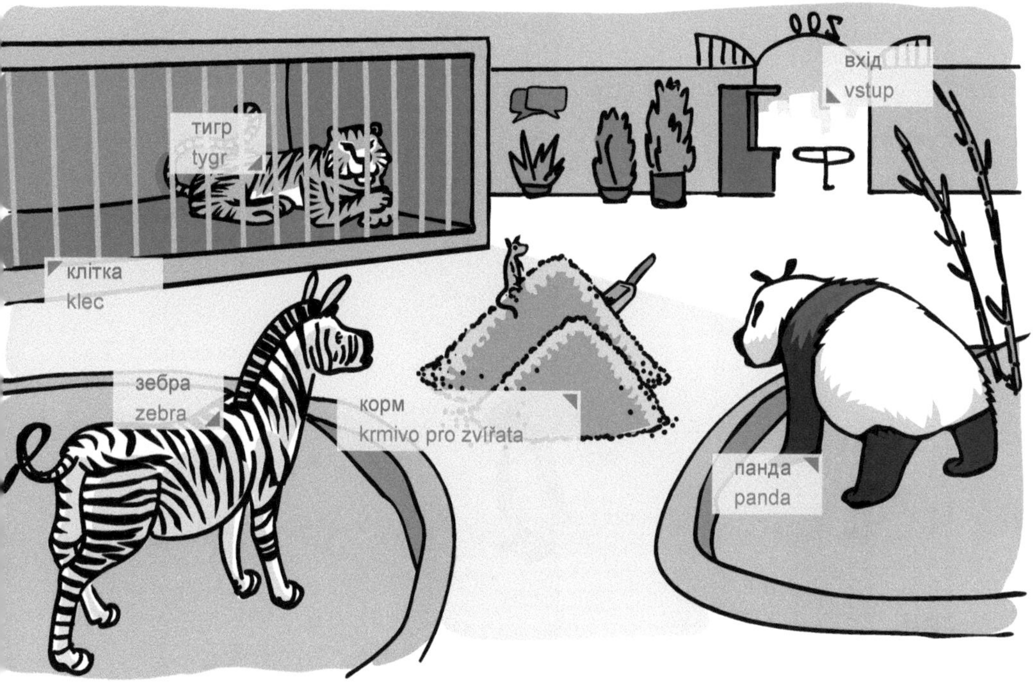
тигр
tygr
клітка
klec
вхід
vstup
зебра
zebra
корм
krmivo pro zvířata
панда
panda

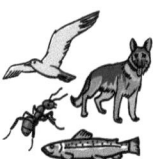

тварини

zvířata

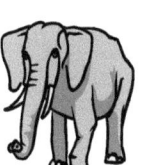

слон

slon

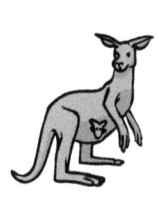

кенгуру

klokan

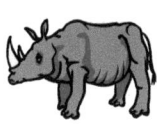

носоріг

nosorožec

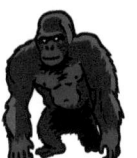

горила

gorila

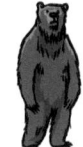

ведмідь

medvěd

верблюд

velbloud

страус

pštros

лев

lev

мавпа

opice

фламінго

plameňák

папуга

papoušek

білий ведмідь

lední medvěd

пінгвін

tučňák

акула

žralok

павич

páv

змія

had

крокодил

krokodýl

працівник зоопарку

ošetřovatel zvířat

тюлень

tuleň

ягуар

jaguár

поні

poník

леопард

leopard

гіпопотам

hroch

жираф

žirafa

орел

orel

кабан

divoké prase

риба

ryby

черепаха

želva

морж

mrož

лисиця

liška

газель

gazela

американський футбол
americký fotbal

їзда на велосипеді
cyklistika

теніс
tenis

баскетбол
košíková

плавання
plavání

бокс
box

хокей
lední hokej

футбол
kopaná

бадмінтон
badminton

легка атлетика
lehká atletika

гандбол
házená

лижні перегони
běh na lyžích

поло
vodní pólo

дії
aktivity

стрибати
skočit
обіймати
objímat
сміятися
smát se
йти
jít
співати
zpívat
мріяти
snít
молитися
modlit se
цілувати
políbit

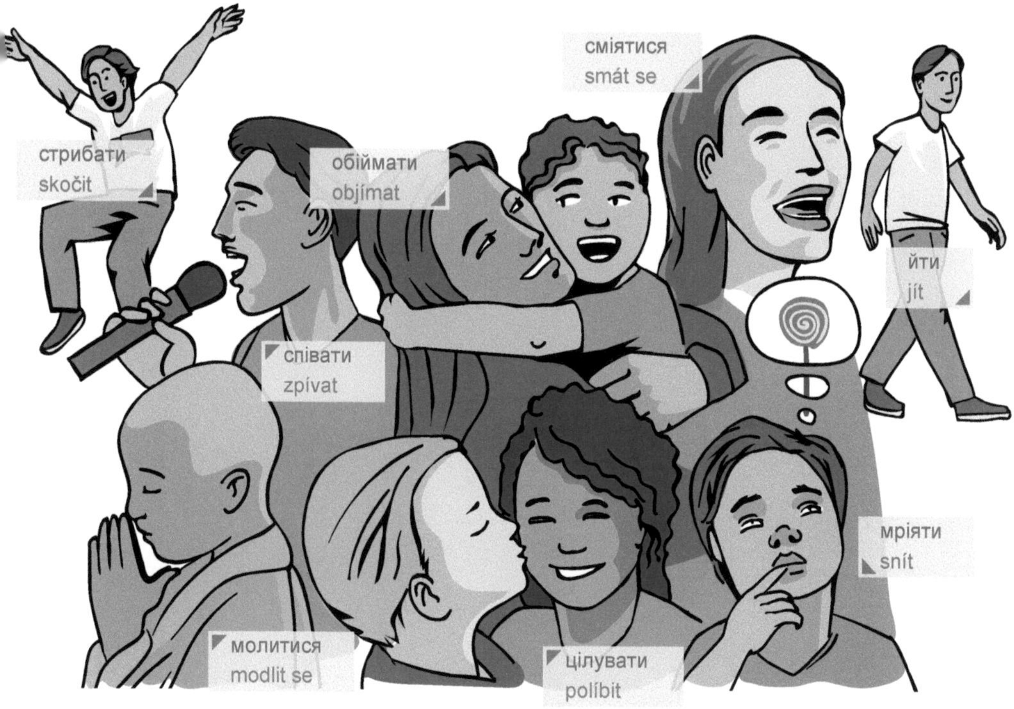

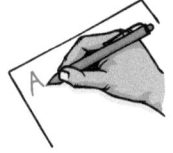

писати

psát

малювати

kreslit

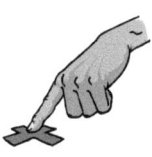

показувати

ukazovat

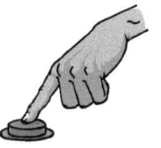

тиснути

tlačit

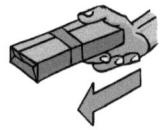

давати

dát

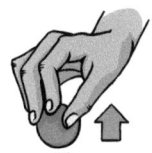

брати

vzít si

мати

mít

робити

dělat

бути

být

стояти

stát

бігати

běhat

тягнути

táhnout

кидати

hodit

падати

padat

лежати

ležet

очікувати

čekat

носити

nosit

сидіти

sedět

одягати

oblékat

спати

spát

просипатися

vzbudit se

дивитися

prohlédnout si

плакати

plakat

гладити

pohladit

розчісувати

česat

розмовляти

hovořit

розуміти

rozumět

питати

ptát se

слухати

slyšet

пити

pít

їсти

jíst

прибирати

uklidit

любити

milovat

варити

vařit

їхати

jet

літати

letět

дії - aktivity

йти під вітрилом

plachtit

рахувати

počítat

читати

číst

вчитися

učit se

працювати

pracovat

одружуватися

vzít si

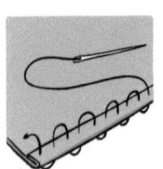

шити

šít

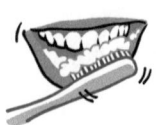

чистити зуби

čistit si zuby

убивати

zabít

курити

kouřit

посилати

poslat

сім'я

rodina

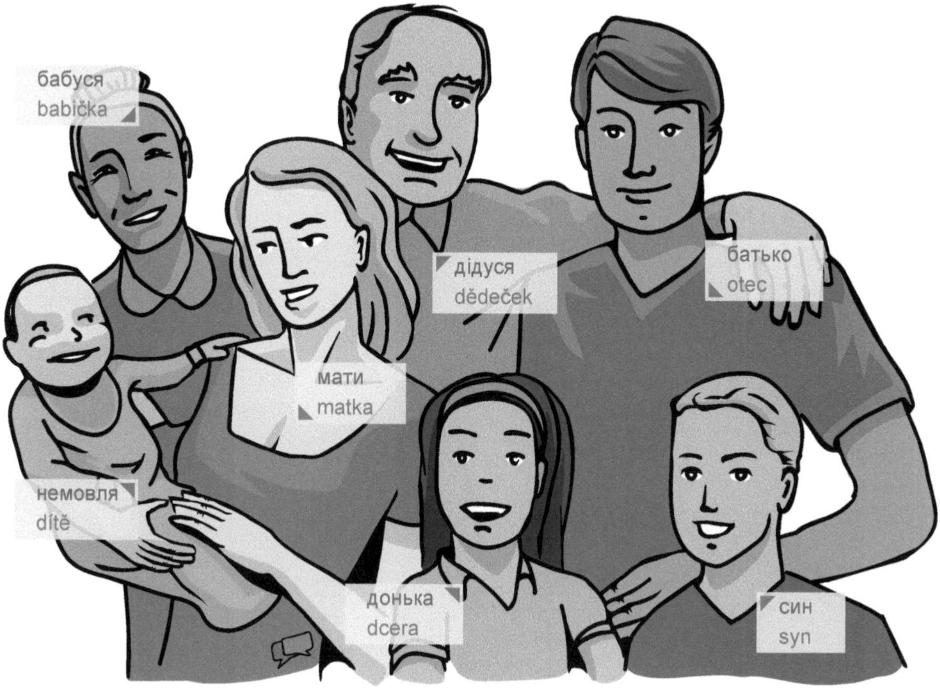
бабуся
babička
дідуся
dědeček
батько
otec
мати
matka
немовля
dítě
донька
dcera
син
syn

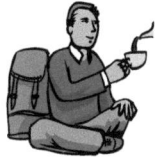

гість
host

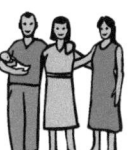

тітка
teta

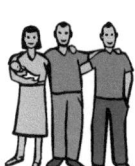

дядько
strýc

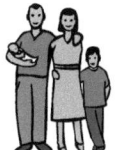

брат
bratr

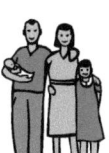

сестра
sestra

тіло

tělo

чоло
čelo
око
oko
плече
rameno
палець
prst
обличчя
obličej
підборіддя
brada
кисть
ruka
нога
dolní končetina
груди
hruď
рука
paže

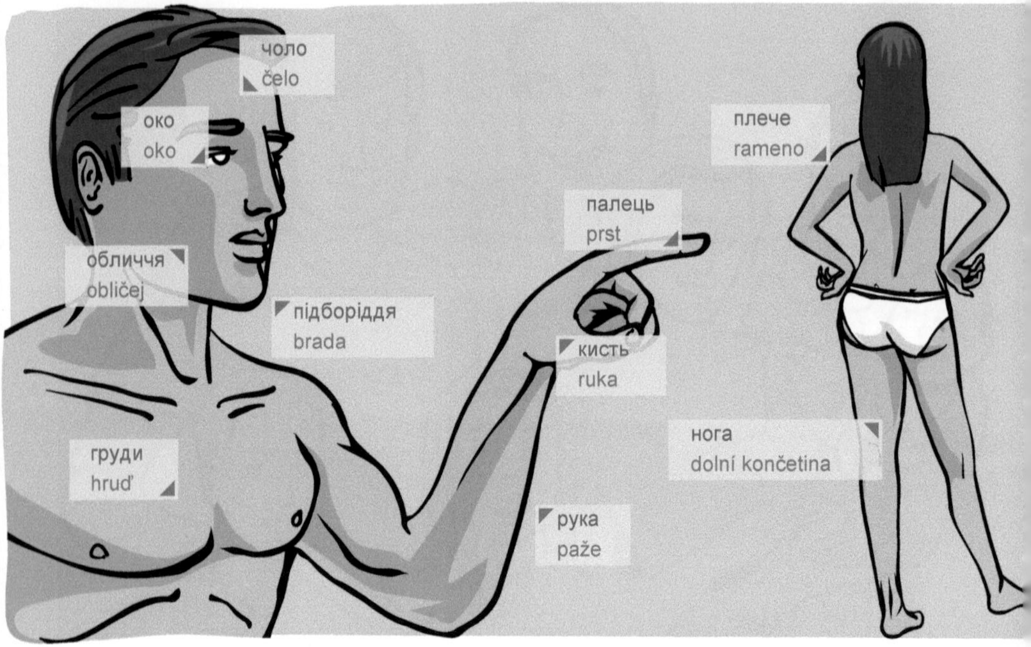

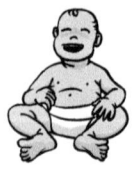

немовля

dítě

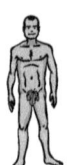

чоловік

muž

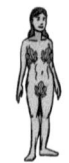

жінка

žena

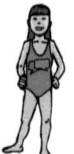

дівчина

dívka

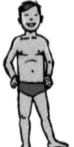

хлопчик

chlapec

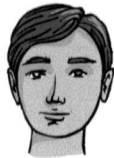

голова

hlava

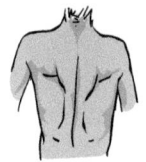

спина

záda

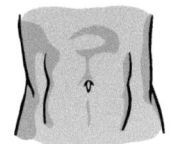

живіт

břicho

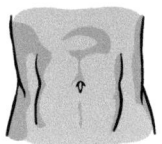

пуп

pupík

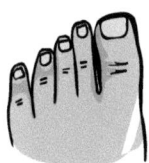

палець ноги

prst na noze

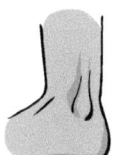

п'ята

pata

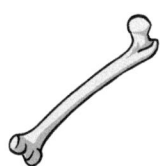

кістка

kost

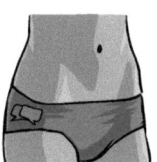

стегно

bok

коліно

koleno

лікоть

loket

ніс

nos

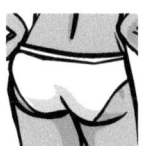

сідниці

zadek

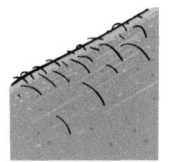

шкіра

kůže

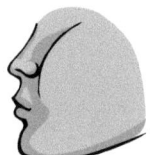

щока

tvář

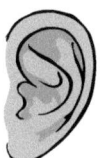

вухо

ucho

губа

ret

рот

ústa

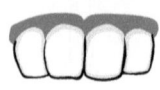

зуб

zub

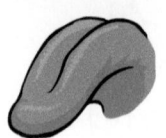

язик

jazyk

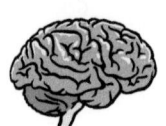

мозок

mozek

серце

srdce

м'яз

sval

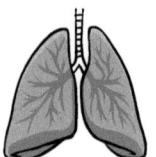

легені

plíce

печінка

játra

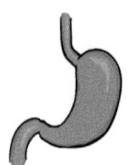

шлунок

žaludek

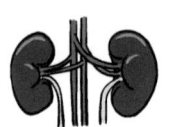

нирки

ledviny

статевий акт

pohlavní styk

презерватив

kondom

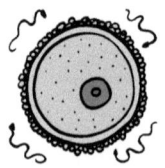

яйцеклітина

vajíčko

сперма

sperma

вагітність

těhotenství

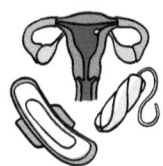

менструація
menstruace

вагіна
vagina

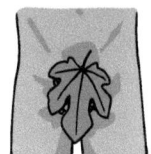

пеніс
penis

брова
obočí

волосся
vlasy

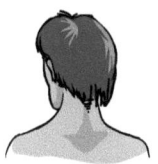

шия
krk

лікарня
nemocnice

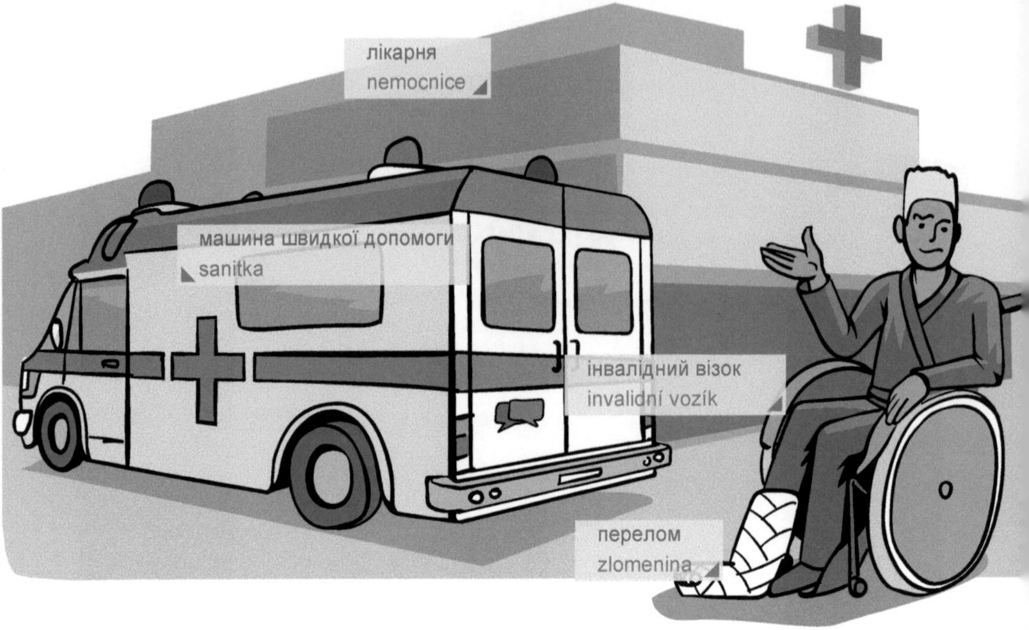

лікарня
nemocnice
машина швидкої допомоги
sanitka
інвалідний візок
invalidní vozík
перелом
zlomenina

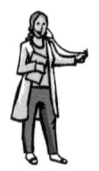

лікар
lékař

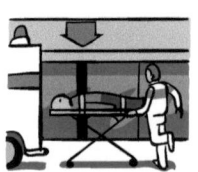

відділення швидкої медичної допомоги
pohotovost

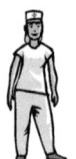

медсестра
zdravotní sestra

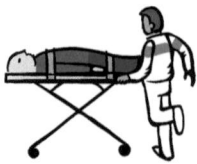

аварійний випадок
urgentní případ

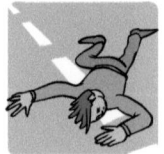

непритомний
v bezvědomí

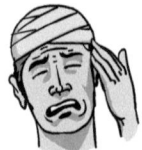

біль
bolest

травма

úraz

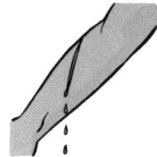

кровотеча

krvácení

інфаркт

infarkt myokardu

інсульт

cévní mozková příhoda

алергія

alergie

кашель

kašel

лихоманка

horečka

грип

chřipka

пронос

průjem

головна біль

bolest hlavy

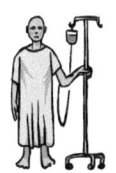

рак

rakovina

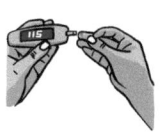

діабет

cukrovka

хірург

chirurg

скальпель

skalpel

операція

operace

КТ
CT

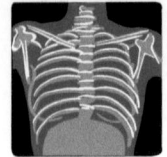

рентген
rentgen

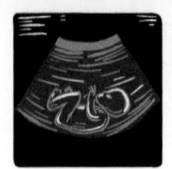

ультразвук
ultrazvuk

маска
maska

хвороба
nemoc

зал очікування
čekárna

милиця
berle

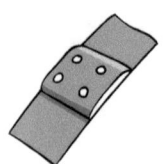

пластир
náplast

пов'язка
obvaz

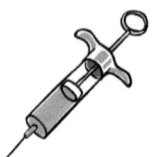

ін'єкція
injekce

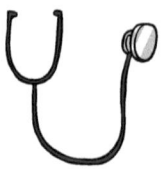

стетоскоп
stetoskop

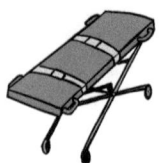

ноші
nosítka

термометр
teploměr

народження
porod

надмірна вага
nadváha

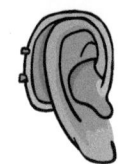

слуховий апарат

naslouchátko

дезінфікуючий засіб

dezinfekční prostředek

інфекція

infekce

вірус

virus

ВІЛ / СНІД

HIV / AIDS

медицина

lékařství

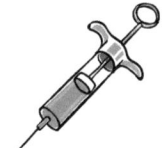

вакцинація

očkování

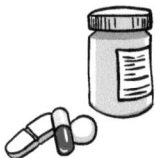

таблетки

tablety

протизаплідна пігулка

pilulka

екстрений виклик

tísňové volání

тонометр

tonometr

хворий / здоровий

nemocný / zdravý

сигнал тривоги

poplach

напад

přepadení

Допоможіть!

Pomoc!

атака

napadení

небезпека

nebezpečí

аварійний вихід

nouzový východ

Вогонь!

Hoří!

вогнегасник

hasicí přístroj

аварія

nehoda

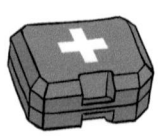

аптечка

zdravotnická brašna

СОС

SOS

поліція

policie

Європа

Evropa

Північна Америка

Severní Amerika

Південна Америка

Jižní Amerika

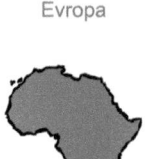

Африка

Afrika

Азія

Asie

Австралія

Austrálie

Атлантика

Atlantik

Тихий океан

Pacifik

Індійський океан

Indický oceán

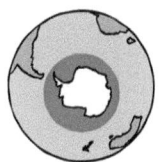

Антарктичний океан

Jižní ledový oceán

Північний Льодовитий океан

Severní ledový oceán

Північний полюс

severní pól

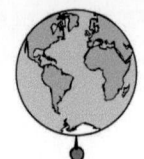

Південний полюс

jižní pól

Антарктика

Antarktida

Земля

země

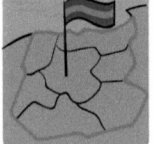

суша

pevnina

море

moře

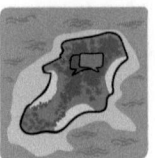

острів

ostrov

нація

národ

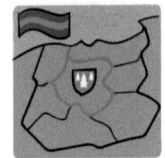

держава

stát

циферблат

ciferník

годинникова стрілка

hodinová ručička

хвилинна стрілка

minutová ručička

секундна стрілка

vteřinová ručička

Котра година?

Kolik je hodin?

день

den

час

čas

зараз

teď

цифровий годинник

digitální hodinky

хвилина

minuta

година

hodina

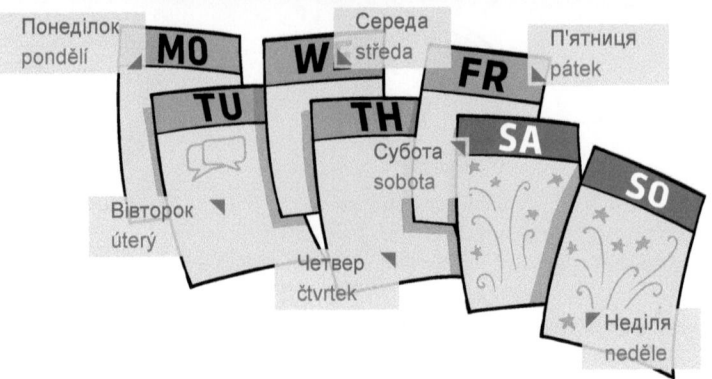

Понеділок / pondělí — MO
Вівторок / úterý — TU
Середа / středa — W
Четвер / čtvrtek — TH
П'ятниця / pátek — FR
Субота / sobota — SA
Неділя / neděle — SO

вчора

včera

сьогодні

dnes

завтра

zítra

ранок

ráno

опівдні

poledne

вечір

večer

робочі дні

pracovní dny

кінець робочого тижня

víkend

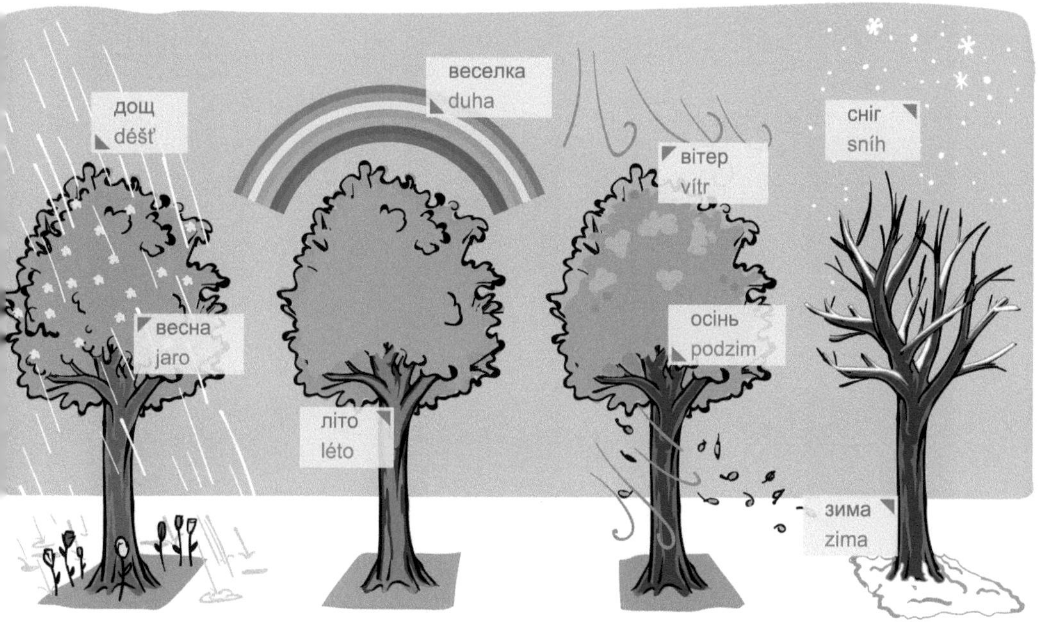

дощ
déšť
веселка
duha
вітер
vítr
сніг
sníh
весна
jaro
осінь
podzim
літо
léto
зима
zima

4.APRIL 11°
5.APRIL 4°
6.APRIL 13°
7.APRIL 8°
8.APRIL 10°

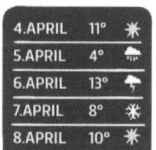

прогноз погоди

předpověď počasí

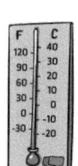

термометр

teploměr

сонячне світло

sluneční svit

хмара

mrak

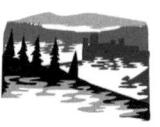

туман

mlha

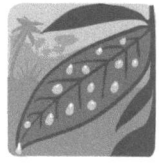

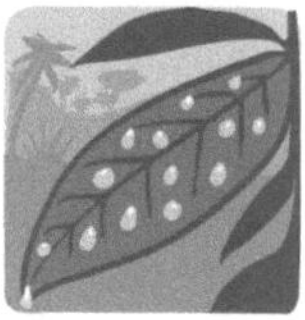

вологість повітря

vlhkost

блискавка

blesk

грім

hrom

шторм

bouřka

град

kroupy

мусон

monzun

повінь

povodeň

лід

led

Січень

leden

Лютий

únor

Березень

březen

Квітень

duben

Травень

květen

Червень

červen

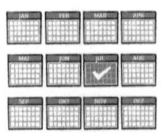

Липень

červenec

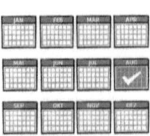

Серпень

srpen

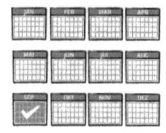

Вересень

záři

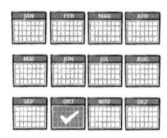

Жовтень

říjen

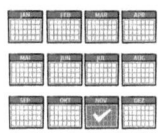

Листопад

listopad

Грудень

prosinec

форми

tvary

круг

kruh

квадрат

čtverec

прямокутник

obdélník

трикутник

trojúhelník

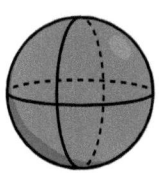

куля

koule

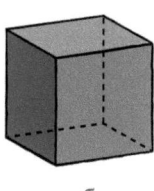

куб

krychle

білий

bílá

жовтий

žlutá

помаранчевий

oranžová

рожевий

růžová

червоний

červená

фіолетовий

fialová

синій

modrá

зелений

zelená

коричневий

hnědá

сірий

šedá

чорний

černá

багато / мало

hodně / málo

лютий / мирний

rozzuřený / mírumilovný

гарний / бридкий

krásný / ošklivý

початок / кінець

začátek / konec

великий / малий

velký / malý

світлий / темний

světlý / tmavý

брат / сестра

bratr / sestra

чистий / брудний

čistý / špinavý

завершений /
незавершений
úplný / neúplný

день / ніч

den / noc

мертвий / живий

mrtvý / živý

широкий / вузький

široký / úzký

їстівний / неїстівний

jedlý / nejedlý

злий / дружній

zlý / hodný

збуджений / нудьгуючий

vzrušený / znuděný

товстий / тонкий

tlustý / hubený

спочатку / востаннє

nejdříve / naposledy

друг / ворог

přítel / nepřítel

повний / порожній

plný / prázdný

жорсткий / м'який

tvrdý / měkký

важкий / легкий

těžký / lehký

голод / спрага

hlad / žízeň

хворий / здоровий

nemocný / zdravý

незаконний / законний

ilegální / legální

розумний / дурний

inteligentní / hloupý

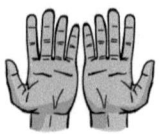

вліво / вправо

vlevo / vpravo

поруч / далеко

blízko / daleko

новий / використаний

nový / použitý

нічого / щось

nic / něco

старий / молодий

starý / mladý

вкл / викл

zapnutý / vypnutý

відкрито / закрито

otevřeno / zavřeno

тихо / гучно

tichý / hlasitý

багатий / бідний

bohatý / chudý

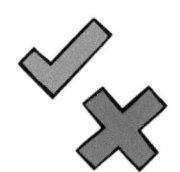

правильно / неправильно

správný / špatný

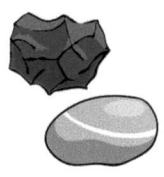

шорсткий / гладкий

drsný / hladký

сумний / щасливий

smutný / šťastný

короткий / довгий

krátký / dlouhý

повільно / швидко

pomalý / rychlý

вологий / сухий

vlhký / suchý

гарячий / холодний

teplý / chladný

війна / мир

válka / mír

протилежності - protiklady

0

нуль

nula

1

один

jedna

2

два

dva

3

три

tři

4

чотири

čtyři

5

п'ять

pět

6

шість

šest

7

сім

sedm

8

вісім

osm

9

дев'ять

devět

10

десять

deset

11

одинадцять

jedenáct

12

дванадцять

dvanáct

13

тринадцять

třináct

14

чотирнадцять

čtrnáct

15

п'ятнадцять

patnáct

16

шістнадцять

šestnáct

17

сімнадцять

sedmnáct

18

вісімнадцять

osmnáct

19

дев'ятнадцять

devatenáct

20

двадцять

dvacet

100

сто

sto

1.000

тисяча

tisíc

1.000.000

мільйон

milion

числа - čísla

англійська

angličtina

американська англійська

americká angličtina

китайська
високочиновницька

standardní čínština

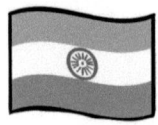

хінді

hindština

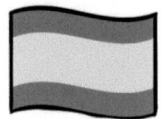

іспанська

španělština

французька

francouzština

арабська

arabština

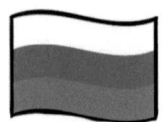

російська

ruština

португальська

portugalština

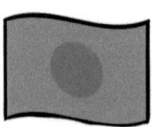

бенгальська

bengálština

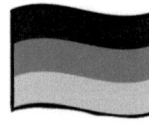

німецька

němčina

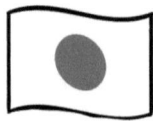

японська

japonština

я

já

ти

ty

він / вона / воно

on / ona / ono

ми

my

ви

vy

вони

oni

хто?

Kdo?

що?

Co?

як?

Jak?

де?

Kde?

коли?

Kdy?

ім'я

jméno

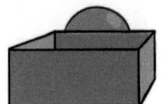

зазаду

za

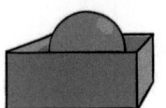

в

do

перед

z

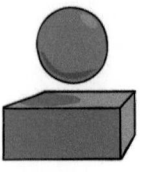

над

nad

на

na

під

mezi

біля

vedle

між

mezi

місце

místo